AF450144

THESE READINGS ARE THE PRIVATE PROPERTY OF:

....

....

....

IF FOUND, PLEASE RETURN PROMPTLY!

DATE: .. .. TIME: .... LOCATION: ....

DECK: ....

READER: .... READER ENERGY: ....

QUERENT: .... QUERENT ENERGY: ....

QUESTIONS: ....

....

....

....

CARD 1   CARD 2   CARD 3

....

INTERPRETATION:

....

....

....

....

....

NOTES:

....

....

....

DATE: .... TIME: .... LOCATION: ....

DECK: ....

READER: .... READER ENERGY: ....

QUERENT: .... QUERENT ENERGY: ....

QUESTIONS: ....

....

....

....

CARD 1	CARD 2	CARD 3

INTERPRETATION:

....

....

....

....

....

NOTES:

....

....

....

DATE: .... TIME: .... LOCATION: ....

DECK: ....

READER: .... READER ENERGY: ....

QUERENT: .... QUERENT ENERGY: ....

QUESTIONS: ....

....

....

....

CARD 1   CARD 2   CARD 3

INTERPRETATION:

....

....

....

....

....

....

NOTES:

....

....

....

DATE: .... TIME: .... LOCATION: ....

DECK: ....

READER: .... READER ENERGY: ....

QUERENT: .... QUERENT ENERGY: ....

QUESTIONS: ....

....

....

....

CARD 1   CARD 2   CARD 3

INTERPRETATION:

....

....

....

....

....

NOTES:

....

....

....

DATE: .... TIME: .... LOCATION: ....

DECK: ....

READER: .... READER ENERGY: ....

QUERENT: .... QUERENT ENERGY: ....

QUESTIONS: ....

....

....

....

CARD 1   CARD 2   CARD 3

INTERPRETATION:

....

....

....

....

....

NOTES:

....

....

....

DATE: .... TIME: .... LOCATION: ....

DECK: ....

READER: .... READER ENERGY: ....

QUERENT: .... QUERENT ENERGY: ....

QUESTIONS: ....

....

....

....

CARD 1   CARD 2   CARD 3

INTERPRETATION:

....

....

....

....

....

....

NOTES:

....

....

....

DATE: .... TIME: .... LOCATION: ....

DECK: ....

READER: .... READER ENERGY: ....

QUERENT: .... QUERENT ENERGY: ....

QUESTIONS: ....

....

....

....

CARD 1

CARD 2

CARD 3

....

INTERPRETATION:

....

....

....

....

....

....

NOTES:

....

....

....

DATE: .... TIME: .... LOCATION: ....

DECK: ....

READER: .... READER ENERGY: ....

QUERENT: .... QUERENT ENERGY: ....

QUESTIONS: ....

....

....

....

CARD 1

CARD 2

CARD 3

INTERPRETATION:

....

....

....

....

....

NOTES:

....

....

....

DATE: .... TIME: .... LOCATION: ....

DECK: ....

READER: .... READER ENERGY: ....

QUERENT: .... QUERENT ENERGY: ....

QUESTIONS: ....

....

....

....

CARD 1   CARD 2   CARD 3

INTERPRETATION:

NOTES:

DATE: .... TIME: .... LOCATION: ....

DECK: ....

READER: .... READER ENERGY: ....

QUERENT: .... QUERENT ENERGY: ....

QUESTIONS: ....

....

....

....

CARD 1

CARD 2

CARD 3

INTERPRETATION:

....

....

....

....

....

NOTES:

....

....

....

DATE: .... TIME: .... LOCATION: ....

DECK: ....

READER: .... READER ENERGY: ....

QUERENT: .... QUERENT ENERGY: ....

QUESTIONS: ....

....

....

....

CARD 1

CARD 2

CARD 3

INTERPRETATION:

....

....

....

....

....

....

NOTES:

....

....

....

DATE: .... TIME: .... LOCATION: ....

DECK: ....

READER: .... READER ENERGY: ....

QUERENT: .... QUERENT ENERGY: ....

QUESTIONS: ....

....

....

....

CARD 1   CARD 2   CARD 3

....

INTERPRETATION:

....

....

....

....

....

....

NOTES:

....

....

....

....

DATE: . . . . TIME: . . . . LOCATION: . . . .

DECK: . . . .

READER: . . . . READER ENERGY: . . . .

QUERENT: . . . . QUERENT ENERGY: . . . .

QUESTIONS: . . . .

. . . .

. . . .

. . . .

CARD 1   CARD 2   CARD 3

INTERPRETATION:

NOTES:

DATE: .... TIME: .... LOCATION: ....

DECK: ....

READER: .... READER ENERGY: ....

QUERENT: .... QUERENT ENERGY: ....

QUESTIONS: ....

....

....

....

CARD 1   CARD 2   CARD 3

INTERPRETATION:

....

....

....

....

....

NOTES:

....

....

....

DATE: .... TIME: .... LOCATION: ....

DECK: ....

READER: .... READER ENERGY: ....

QUERENT: .... QUERENT ENERGY: ....

QUESTIONS: ....

....

....

....

CARD 1   CARD 2   CARD 3

INTERPRETATION:

....

....

....

....

....

....

NOTES:

....

....

....

DATE: .... TIME: .... LOCATION: ....

DECK: ....

READER: .... READER ENERGY: ....

QUERENT: .... QUERENT ENERGY: ....

QUESTIONS: ....

....

....

....

CARD 1   CARD 2   CARD 3

INTERPRETATION:

....

....

....

....

....

NOTES:

....

....

....

DATE: . . . . TIME: . . . . LOCATION: . . . .

DECK: . . . .

READER: . . . . READER ENERGY: . . . .

QUERENT: . . . . QUERENT ENERGY: . . . .

QUESTIONS: . . . .

. . . .

. . . .

. . . .

CARD 1   CARD 2   CARD 3

. . . .

INTERPRETATION:

. . . .

. . . .

. . . .

. . . .

. . . .

NOTES:

. . . .

. . . .

. . . .

DATE: .... TIME: .... LOCATION: ....

DECK: ....

READER: .... READER ENERGY: ....

QUERENT: .... QUERENT ENERGY: ....

QUESTIONS: ....

....

....

....

CARD 1   CARD 2   CARD 3

INTERPRETATION:

....

....

....

....

....

NOTES:

....

....

....

DATE: .... TIME: .... LOCATION: ....

DECK: ....

READER: .... READER ENERGY: ....

QUERENT: .... QUERENT ENERGY: ....

QUESTIONS: ....

....

....

....

CARD 1   CARD 2   CARD 3

INTERPRETATION:

....

....

....

....

....

NOTES:

....

....

....

DATE: .... TIME: .... LOCATION: ....

DECK: ....

READER: .... READER ENERGY: ....

QUERENT: .... QUERENT ENERGY: ....

QUESTIONS: ....

....

....

....

CARD 1   CARD 2   CARD 3

....

INTERPRETATION:

....

....

....

....

....

NOTES:

....

....

....

DATE: .... TIME: .... LOCATION: ....

DECK: ....

READER: .... READER ENERGY: ....

QUERENT: .... QUERENT ENERGY: ....

QUESTIONS: ....
....
....
....

| CARD 1 | CARD 2 | CARD 3 |

INTERPRETATION:
....
....
....
....
....

NOTES:
....
....
....

DATE: .... TIME: .... LOCATION: ....

DECK: ....

READER: .... READER ENERGY: ....

QUERENT: .... QUERENT ENERGY: ....

QUESTIONS: ....

....

....

....

CARD 1   CARD 2   CARD 3

INTERPRETATION:

....

....

....

....

....

NOTES:

....

....

....

DATE: .... TIME: .... LOCATION: ....

DECK: ....

READER: .... READER ENERGY: ....

QUERENT: .... QUERENT ENERGY: ....

QUESTIONS: ....

....

....

....

CARD 1   CARD 2   CARD 3

INTERPRETATION:

....

....

....

....

....

NOTES:

....

....

....

DATE: .... TIME: .... LOCATION: ....

DECK: ....

READER: .... READER ENERGY: ....

QUERENT: .... QUERENT ENERGY: ....

QUESTIONS: ....

....

....

....

CARD 1   CARD 2   CARD 3

INTERPRETATION:

....

....

....

....

....

NOTES:

....

....

....

DATE: .... TIME: .... LOCATION: ....

DECK: ....

READER: .... READER ENERGY: ....

QUERENT: .... QUERENT ENERGY: ....

QUESTIONS: ....

....

....

....

<table>
<tr><td>CARD 1</td><td>CARD 2</td><td>CARD 3</td></tr>
</table>

....

INTERPRETATION:

....

....

....

....

....

NOTES:

....

....

....

DATE: .... TIME: .... LOCATION: ....

DECK: ....

READER: .... READER ENERGY: ....

QUERENT: .... QUERENT ENERGY: ....

QUESTIONS: ....

....

....

....

CARD 1   CARD 2   CARD 3

....

INTERPRETATION:

....

....

....

....

....

NOTES:

....

....

....

DATE: .... TIME: .... LOCATION: ....

DECK: ....

READER: .... READER ENERGY: ....

QUERENT: .... QUERENT ENERGY: ....

QUESTIONS: ....

....

....

....

CARD 1	CARD 2	CARD 3

INTERPRETATION:

....

....

....

....

....

NOTES:

....

....

....

DATE: .... TIME: .... LOCATION: ....

DECK: ....

READER: .... READER ENERGY: ....

QUERENT: .... QUERENT ENERGY: ....

QUESTIONS: ....

....

....

....

CARD 1

CARD 2

CARD 3

INTERPRETATION:

....

....

....

....

....

NOTES:

....

....

....

CARD 1　　　　CARD 2　　　　CARD 3

DATE: .... TIME: .... LOCATION: ....

DECK: ....

READER: .... READER ENERGY: ....

QUERENT: .... QUERENT ENERGY: ....

QUESTIONS: ....

....

....

....

CARD 1

CARD 2

CARD 3

....

INTERPRETATION:

....

....

....

....

....

....

NOTES:

....

....

....

DATE: .... TIME: .... LOCATION: ....

DECK: ....

READER: .... READER ENERGY: ....

QUERENT: .... QUERENT ENERGY: ....

QUESTIONS: ....

....

....

....

CARD 1   CARD 2   CARD 3

INTERPRETATION:

....

....

....

....

....

....

NOTES:

....

....

....

DATE: .... TIME: .... LOCATION: ....

DECK: ....

READER: .... READER ENERGY: ....

QUERENT: .... QUERENT ENERGY: ....

QUESTIONS: ....

....

....

....

CARD 1   CARD 2   CARD 3

INTERPRETATION:

....

....

....

....

....

NOTES:

....

....

....

DATE: . . . . TIME: . . . . LOCATION: . . . .

DECK: . . . .

READER: . . . . READER ENERGY: . . . .

QUERENT: . . . . QUERENT ENERGY: . . . .

QUESTIONS: . . . .

. . . .

. . . .

. . . .

CARD 1

CARD 2

CARD 3

INTERPRETATION:

NOTES:

DATE: .... TIME: .... LOCATION: ....

DECK: ....

READER: .... READER ENERGY: ....

QUERENT: .... QUERENT ENERGY: ....

QUESTIONS: ....

....

....

....

CARD 1   CARD 2   CARD 3

INTERPRETATION:

....

....

....

....

....

NOTES:

....

....

....

DATE: .... TIME: .... LOCATION: ....

DECK: ....

READER: .... READER ENERGY: ....

QUERENT: .... QUERENT ENERGY: ....

QUESTIONS: ....

....

....

....

CARD 1	CARD 2	CARD 3

....

INTERPRETATION:

....

....

....

....

....

....

NOTES:

....

....

....

DATE: .... TIME: .... LOCATION: ....

DECK: ....

READER: .... READER ENERGY: ....

QUERENT: .... QUERENT ENERGY: ....

QUESTIONS: ....

....

....

....

CARD 1

CARD 2

CARD 3

INTERPRETATION:

....

....

....

....

....

NOTES:

....

....

....

DATE: .... TIME: .... LOCATION: ....

DECK: ....

READER: .... READER ENERGY: ....

QUERENT: .... QUERENT ENERGY: ....

QUESTIONS: ....

....

....

....

CARD 1   CARD 2   CARD 3

INTERPRETATION:

....

....

....

....

....

....

NOTES:

....

....

....

DATE: .... TIME: .... LOCATION: ....

DECK: ....

READER: .... READER ENERGY: ....

QUERENT: .... QUERENT ENERGY: ....

QUESTIONS: ....

....

....

....

CARD 1   CARD 2   CARD 3

INTERPRETATION:

....

....

....

....

....

NOTES:

....

....

....

DATE: .... TIME: .... LOCATION: ....

DECK: ....

READER: .... READER ENERGY: ....

QUERENT: .... QUERENT ENERGY: ....

QUESTIONS: ....

....

....

....

CARD 1   CARD 2   CARD 3

....

INTERPRETATION:

....

....

....

....

....

NOTES:

....

....

....

DATE: .... TIME: .... LOCATION: ....

DECK: ....

READER: .... READER ENERGY: ....

QUERENT: .... QUERENT ENERGY: ....

QUESTIONS: ....

....

....

....

CARD 1   CARD 2   CARD 3

INTERPRETATION:

....

....

....

....

....

NOTES:

....

....

....

DATE: .... TIME: .... LOCATION: ....

DECK: ....

READER: .... READER ENERGY: ....

QUERENT: .... QUERENT ENERGY: ....

QUESTIONS: ....

....

....

....

CARD 1   CARD 2   CARD 3

INTERPRETATION:

....

....

....

....

....

....

NOTES:

....

....

....

DATE: .... TIME: .... LOCATION: ....

DECK: ....

READER: .... READER ENERGY: ....

QUERENT: .... QUERENT ENERGY: ....

QUESTIONS: ....

....

....

....

CARD 1
CARD 2
CARD 3

....

INTERPRETATION:

....

....

....

....

....

NOTES:

....

....

....

DATE: .... TIME: .... LOCATION: ....

DECK: ....

READER: .... READER ENERGY: ....

QUERENT: .... QUERENT ENERGY: ....

QUESTIONS: ....

....

....

....

CARD 1　　　　　　　　　　CARD 2　　　　　　　　　　CARD 3

INTERPRETATION:

....

....

....

....

....

NOTES:

....

....

....

DATE: .... TIME: .... LOCATION: ....

DECK: ....

READER: .... READER ENERGY: ....

QUERENT: .... QUERENT ENERGY: ....

QUESTIONS: ....

....

....

....

CARD 1

CARD 2

CARD 3

INTERPRETATION:

....

....

....

....

....

NOTES:

....

....

....

DATE: .... TIME: .... LOCATION: ....

DECK: ....

READER: .... READER ENERGY: ....

QUERENT: .... QUERENT ENERGY: ....

QUESTIONS: ....

....

....

....

CARD 1

CARD 2

CARD 3

INTERPRETATION:

....

....

....

....

....

....

NOTES:

....

....

....

DATE: .... TIME: .... LOCATION: ....

DECK: ....

READER: .... READER ENERGY: ....

QUERENT: .... QUERENT ENERGY: ....

QUESTIONS: ....

....

....

....

<table>
<tr><td>CARD 1</td><td>CARD 2</td><td>CARD 3</td></tr>
</table>

INTERPRETATION:

....

....

....

....

....

NOTES:

....

....

....

DATE: .... TIME: .... LOCATION: ....

DECK: ....

READER: .... READER ENERGY: ....

QUERENT: .... QUERENT ENERGY: ....

QUESTIONS: ....

....

....

....

CARD 1	CARD 2	CARD 3

INTERPRETATION:

....

....

....

....

....

....

NOTES:

....

....

....

DATE: .... TIME: .... LOCATION: ....

DECK: ....

READER: .... READER ENERGY: ....

QUERENT: .... QUERENT ENERGY: ....

QUESTIONS: ....

....

....

....

CARD 1

CARD 2

CARD 3

....

INTERPRETATION:

....

....

....

....

....

....

NOTES:

....

....

....

DATE: .... TIME: .... LOCATION: ....

DECK: ....

READER: .... READER ENERGY: ....

QUERENT: .... QUERENT ENERGY: ....

QUESTIONS: ....

....

....

....

CARD 1

CARD 2

CARD 3

INTERPRETATION:

....

....

....

....

....

NOTES:

....

....

....

DATE: .... TIME: .... LOCATION: ....

DECK: ....

READER: .... READER ENERGY: ....

QUERENT: .... QUERENT ENERGY: ....

QUESTIONS: ....

....

....

....

CARD 1   CARD 2   CARD 3

INTERPRETATION:

NOTES:

DATE: .... TIME: .... LOCATION: ....

DECK: ....

READER: .... READER ENERGY: ....

QUERENT: .... QUERENT ENERGY: ....

QUESTIONS: ....

....

....

....

CARD 1   CARD 2   CARD 3

INTERPRETATION:

....

....

....

....

....

NOTES:

....

....

....

DATE: .... TIME: .... LOCATION: ....

DECK: ....

READER: .... READER ENERGY: ....

QUERENT: .... QUERENT ENERGY: ....

QUESTIONS: ....

....

....

....

CARD 1

CARD 2

CARD 3

....

INTERPRETATION:

....

....

....

....

....

....

NOTES:

....

....

....

DATE: .... TIME: .... LOCATION: ....

DECK: ....

READER: .... READER ENERGY: ....

QUERENT: .... QUERENT ENERGY: ....

QUESTIONS: ....

....

....

....

CARD 1	CARD 2	CARD 3

INTERPRETATION:

....

....

....

....

....

NOTES:

....

....

....

DATE: .... TIME: .... LOCATION: ....

DECK: ....

READER: .... READER ENERGY: ....

QUERENT: .... QUERENT ENERGY: ....

QUESTIONS: ....

....

....

....

CARD 1   CARD 2   CARD 3

....

INTERPRETATION:

....

....

....

....

....

NOTES:

....

....

....

DATE: .... TIME: .... LOCATION: ....

DECK: ....

READER: .... READER ENERGY: ....

QUERENT: .... QUERENT ENERGY: ....

QUESTIONS: ....

....

....

....

<table>
<tr><td>CARD 1</td><td>CARD 2</td><td>CARD 3</td></tr>
</table>

INTERPRETATION:

....

....

....

....

....

....

NOTES:

....

....

....

DATE: .... TIME: .... LOCATION: ....

DECK: ....

READER: .... READER ENERGY: ....

QUERENT: .... QUERENT ENERGY: ....

QUESTIONS: ....

....

....

....

CARD 1

CARD 2

CARD 3

INTERPRETATION:

....

....

....

....

....

....

NOTES:

....

....

....

DATE: .... TIME: .... LOCATION: ....

DECK: ....

READER: .... READER ENERGY: ....

QUERENT: .... QUERENT ENERGY: ....

QUESTIONS: ....

....

....

....

CARD 1   CARD 2   CARD 3

INTERPRETATION:

....

....

....

....

....

NOTES:

....

....

....

DATE: .... TIME: .... LOCATION: ....

DECK: ....

READER: .... READER ENERGY: ....

QUERENT: .... QUERENT ENERGY: ....

QUESTIONS: ....

....

....

....

<table>
<tr><td>CARD 1</td><td>CARD 2</td><td>CARD 3</td></tr>
</table>

INTERPRETATION:

....

....

....

....

....

NOTES:

....

....

....

DATE: .... TIME: .... LOCATION: ....

DECK: ....

READER: .... READER ENERGY: ....

QUERENT: .... QUERENT ENERGY: ....

QUESTIONS: ....

....

....

....

CARD 1   CARD 2   CARD 3

INTERPRETATION:

....

....

....

....

....

NOTES:

....

....

....

DATE: .... TIME: .... LOCATION: ....

DECK: ....

READER: .... READER ENERGY: ....

QUERENT: .... QUERENT ENERGY: ....

QUESTIONS: ....

....

....

....

CARD 1

CARD 2

CARD 3

INTERPRETATION:

....

....

....

....

....

NOTES:

....

....

....

DATE: .... TIME: .... LOCATION: ....

DECK: ....

READER: .... READER ENERGY: ....

QUERENT: .... QUERENT ENERGY: ....

QUESTIONS: ....

....

....

....

CARD 1   CARD 2   CARD 3

INTERPRETATION:

....

....

....

....

....

....

NOTES:

....

....

....

DATE: .... TIME: .... LOCATION: ....

DECK: ....

READER: .... READER ENERGY: ....

QUERENT: .... QUERENT ENERGY: ....

QUESTIONS: ....

....

....

....

CARD 1   CARD 2   CARD 3

INTERPRETATION:

....

....

....

....

....

NOTES:

....

....

....

DATE: .... TIME: .... LOCATION: ....

DECK: ....

READER: .... READER ENERGY: ....

QUERENT: .... QUERENT ENERGY: ....

QUESTIONS: ....

....

....

....

CARD 1

CARD 2

CARD 3

INTERPRETATION:

....

....

....

....

....

....

NOTES:

....

....

....

DATE: .... TIME: .... LOCATION: ....

DECK: ....

READER: .... READER ENERGY: ....

QUERENT: .... QUERENT ENERGY: ....

QUESTIONS: ....

....

....

....

CARD 1

CARD 2

CARD 3

INTERPRETATION:

....

....

....

....

....

....

NOTES:

....

....

....

DATE: . . . . TIME: . . . . LOCATION: . . . .

DECK: . . . .

READER: . . . . READER ENERGY: . . . .

QUERENT: . . . . QUERENT ENERGY: . . . .

QUESTIONS: . . . .

. . . .

. . . .

. . . .

CARD 1   CARD 2   CARD 3

INTERPRETATION:

. . . .

. . . .

. . . .

. . . .

. . . .

NOTES:

. . . .

. . . .

. . . .

DATE: .... TIME: .... LOCATION: ....

DECK: ....

READER: .... READER ENERGY: ....

QUERENT: .... QUERENT ENERGY: ....

QUESTIONS: ....

....

....

....

CARD 1

CARD 2

CARD 3

....

INTERPRETATION:

....

....

....

....

....

NOTES:

....

....

....

DATE: .... TIME: .... LOCATION: ....

DECK: ....

READER: .... READER ENERGY: ....

QUERENT: .... QUERENT ENERGY: ....

QUESTIONS: ....

....

....

....

CARD 1

CARD 2

CARD 3

INTERPRETATION:

NOTES:

DATE: .... TIME: .... LOCATION: ....

DECK: ....

READER: .... READER ENERGY: ....

QUERENT: .... QUERENT ENERGY: ....

QUESTIONS: ....

....

....

....

CARD 1

CARD 2

CARD 3

....

INTERPRETATION:

....

....

....

....

....

NOTES:

....

....

....

DATE: . . . . TIME: . . . . LOCATION: . . . .

DECK: . . . .

READER: . . . . READER ENERGY: . . . .

QUERENT: . . . . QUERENT ENERGY: . . . .

QUESTIONS: . . . .

. . . .

. . . .

. . . .

| CARD 1 | CARD 2 | CARD 3 |

. . . .

INTERPRETATION:

. . . .

. . . .

. . . .

. . . .

. . . .

NOTES:

. . . .

. . . .

. . . .

DATE: .... TIME: .... LOCATION: ....

DECK: ....

READER: .... READER ENERGY: ....

QUERENT: .... QUERENT ENERGY: ....

QUESTIONS: ....

....

....

....

CARD 1

CARD 2

CARD 3

INTERPRETATION:

....

....

....

....

....

NOTES:

....

....

....

DATE: .... TIME: .... LOCATION: ....

DECK: ....

READER: .... READER ENERGY: ....

QUERENT: .... QUERENT ENERGY: ....

QUESTIONS: ....

....

....

....

CARD 1

CARD 2

CARD 3

INTERPRETATION:

....

....

....

....

....

....

NOTES:

....

....

....

DATE: .... TIME: .... LOCATION: ....

DECK: ....

READER: .... READER ENERGY: ....

QUERENT: .... QUERENT ENERGY: ....

QUESTIONS: ....

....

....

....

CARD 1   CARD 2   CARD 3

INTERPRETATION:

....

....

....

....

....

NOTES:

....

....

....

DATE: .... TIME: .... LOCATION: ....

DECK: ....

READER: .... READER ENERGY: ....

QUERENT: .... QUERENT ENERGY: ....

QUESTIONS: ....

....

....

....

CARD 1   CARD 2   CARD 3

INTERPRETATION:

....

....

....

....

....

....

NOTES:

....

....

....

DATE: .... TIME: .... LOCATION: ....

DECK: ....

READER: .... READER ENERGY: ....

QUERENT: .... QUERENT ENERGY: ....

QUESTIONS: ....

....

....

....

CARD 1

CARD 2

CARD 3

INTERPRETATION:

....

....

....

....

....

NOTES:

....

....

....

DATE: .... TIME: .... LOCATION: ....

DECK: ....

READER: .... READER ENERGY: ....

QUERENT: .... QUERENT ENERGY: ....

QUESTIONS: ....

....

....

....

CARD 1   CARD 2   CARD 3

....

INTERPRETATION:

....

....

....

....

....

NOTES:

....

....

....

DATE: .... TIME: .... LOCATION: ....

DECK: ....

READER: .... READER ENERGY: ....

QUERENT: .... QUERENT ENERGY: ....

QUESTIONS: ....

....

....

....

CARD 1

CARD 2

CARD 3

INTERPRETATION:

....

....

....

....

....

NOTES:

....

....

....

DATE: . . . . TIME: . . . . LOCATION: . . . .

DECK: . . . .

READER: . . . . READER ENERGY: . . . .

QUERENT: . . . . QUERENT ENERGY: . . . .

QUESTIONS: . . . .

. . . .

. . . .

. . . .

CARD 1   CARD 2   CARD 3

. . . .

INTERPRETATION:

. . . .

. . . .

. . . .

. . . .

. . . .

NOTES:

. . . .

. . . .

. . . .

DATE: .... TIME: .... LOCATION: ....

DECK: ....

READER: .... READER ENERGY: ....

QUERENT: .... QUERENT ENERGY: ....

QUESTIONS: ....

....

....

....

CARD 1   CARD 2   CARD 3

....

INTERPRETATION:

....

....

....

....

....

NOTES:

....

....

....

DATE: .... TIME: .... LOCATION: ....

DECK: ....

READER: .... READER ENERGY: ....

QUERENT: .... QUERENT ENERGY: ....

QUESTIONS: ....

....

....

....

CARD 1

CARD 2

CARD 3

....

INTERPRETATION:

....

....

....

....

....

NOTES:

....

....

....

DATE: .... TIME: .... LOCATION: ....

DECK: ....

READER: .... READER ENERGY: ....

QUERENT: .... QUERENT ENERGY: ....

QUESTIONS: ....

....

....

....

CARD 1   CARD 2   CARD 3

INTERPRETATION:

....

....

....

....

....

....

NOTES:

....

....

....

DATE: .... TIME: .... LOCATION: ....

DECK: ....

READER: .... READER ENERGY: ....

QUERENT: .... QUERENT ENERGY: ....

QUESTIONS: ....

....

....

....

CARD 1

CARD 2

CARD 3

....

INTERPRETATION:

....

....

....

....

....

....

NOTES:

....

....

....

DATE: .... TIME: .... LOCATION: ....

DECK: ....

READER: .... READER ENERGY: ....

QUERENT: .... QUERENT ENERGY: ....

QUESTIONS: ....

....

....

....

CARD 1　　　　　　　　CARD 2　　　　　　　　CARD 3

....　　....................　　....................

INTERPRETATION:

....

....

....

....

....

NOTES:

....

....

....

DATE: .... TIME: .... LOCATION: ....

DECK: ....

READER: .... READER ENERGY: ....

QUERENT: .... QUERENT ENERGY: ....

QUESTIONS: ....

....

....

....

CARD 1

CARD 2

CARD 3

....

INTERPRETATION:

....

....

....

....

....

....

NOTES:

....

....

....

DATE: .... TIME: .... LOCATION: ....

DECK: ....

READER: .... READER ENERGY: ....

QUERENT: .... QUERENT ENERGY: ....

QUESTIONS: ....

....

....

....

CARD 1   CARD 2   CARD 3

....

INTERPRETATION:

....

....

....

....

....

NOTES:

....

....

....

DATE: .... TIME: .... LOCATION: ....

DECK: ....

READER: .... READER ENERGY: ....

QUERENT: .... QUERENT ENERGY: ....

QUESTIONS: ....

....

....

....

CARD 1

CARD 2

CARD 3

INTERPRETATION:

....

....

....

....

....

NOTES:

....

....

....

DATE: .... TIME: .... LOCATION: ....

DECK: ....

READER: .... READER ENERGY: ....

QUERENT: .... QUERENT ENERGY: ....

QUESTIONS: ....

....

....

....

CARD 1   CARD 2   CARD 3

INTERPRETATION:

....

....

....

....

....

NOTES:

....

....

....

DATE: . . . . TIME: . . . . LOCATION: . . . .

DECK: . . . .

READER: . . . . READER ENERGY: . . . .

QUERENT: . . . . QUERENT ENERGY: . . . .

QUESTIONS: . . . .

. . . .

. . . .

. . . .

CARD 1   CARD 2   CARD 3

INTERPRETATION:

. . . .

. . . .

. . . .

. . . .

. . . .

NOTES:

. . . .

. . . .

. . . .

DATE: .... TIME: .... LOCATION: ....

DECK: ....

READER: .... READER ENERGY: ....

QUERENT: .... QUERENT ENERGY: ....

QUESTIONS: ....

....

....

....

CARD 1   CARD 2   CARD 3

INTERPRETATION:

....

....

....

....

....

NOTES:

....

....

....

DATE: .... TIME: .... LOCATION: ....

DECK: ....

READER: .... READER ENERGY: ....

QUERENT: .... QUERENT ENERGY: ....

QUESTIONS: ....

....

....

....

CARD 1

CARD 2

CARD 3

....

INTERPRETATION:

....

....

....

....

....

NOTES:

....

....

....

DATE: .... TIME: .... LOCATION: ....

DECK: ....

READER: .... READER ENERGY: ....

QUERENT: .... QUERENT ENERGY: ....

QUESTIONS: ....

....

....

....

CARD 1	CARD 2	CARD 3

....

INTERPRETATION:

....

....

....

....

....

NOTES:

....

....

....

DATE: .... TIME: .... LOCATION: ....

DECK: ....

READER: .... READER ENERGY: ....

QUERENT: .... QUERENT ENERGY: ....

QUESTIONS: ....

....

....

....

CARD 1

CARD 2

CARD 3

INTERPRETATION:

....

....

....

....

....

NOTES:

....

....

....

DATE: .... TIME: .... LOCATION: ....

DECK: ....

READER: .... READER ENERGY: ....

QUERENT: .... QUERENT ENERGY: ....

QUESTIONS: ....

....

....

....

CARD 1

CARD 2

CARD 3

INTERPRETATION:

....

....

....

....

....

NOTES:

....

....

....

DATE: .... TIME: .... LOCATION: ....

DECK: ....

READER: .... READER ENERGY: ....

QUERENT: .... QUERENT ENERGY: ....

QUESTIONS: ....

....

....

....

<table>
<tr><td>CARD 1</td><td>CARD 2</td><td>CARD 3</td></tr>
</table>

INTERPRETATION:

....

....

....

....

....

....

NOTES:

....

....

....

DATE: .... TIME: .... LOCATION: ....

DECK: ....

READER: .... READER ENERGY: ....

QUERENT: .... QUERENT ENERGY: ....

QUESTIONS: ....

....

....

....

CARD 1   CARD 2   CARD 3

INTERPRETATION:

....

....

....

....

....

....

NOTES:

....

....

....

DATE: .... TIME: ...., LOCATION: ....

DECK: ....

READER: .... READER ENERGY: ....

QUERENT: .... QUERENT ENERGY: ....

QUESTIONS: ....

....

....

....

CARD 1   CARD 2   CARD 3

INTERPRETATION:

NOTES:

DATE: .... TIME: .... LOCATION: ....

DECK: ....

READER: .... READER ENERGY: ....

QUERENT: .... QUERENT ENERGY: ....

QUESTIONS: ....

....

....

....

CARD 1   CARD 2   CARD 3

INTERPRETATION:

....

....

....

....

....

NOTES:

....

....

....

DATE: .... TIME: .... LOCATION: ....

DECK: ....

READER: .... READER ENERGY: ....

QUERENT: .... QUERENT ENERGY: ....

QUESTIONS: ....
....
....
....

CARD 1

CARD 2

CARD 3

....

INTERPRETATION:
....
....
....
....
....
....

NOTES:
....
....
....

DATE: .... TIME: .... LOCATION: ....

DECK: ....

READER: .... READER ENERGY: ....

QUERENT: .... QUERENT ENERGY: ....

QUESTIONS: ....

....

....

....

CARD 1

CARD 2

CARD 3

INTERPRETATION:

....

....

....

....

....

NOTES:

....

....

....

DATE: .... TIME: .... LOCATION: ....

DECK: ....

READER: .... READER ENERGY: ....

QUERENT: .... QUERENT ENERGY: ....

QUESTIONS: ....

....

....

....

CARD 1   CARD 2   CARD 3

....

INTERPRETATION:

....

....

....

....

....

....

NOTES:

....

....

....

DATE: .... TIME: .... LOCATION: ....

DECK: ....

READER: .... READER ENERGY: ....

QUERENT: .... QUERENT ENERGY: ....

QUESTIONS: ....

....

....

....

CARD 1   CARD 2   CARD 3

INTERPRETATION:

....

....

....

....

....

NOTES:

....

....

....

APPENDIX

KEYWORDS AND NOTES

MAJOR ARCANA

THE FOOL	Beginnings, spontanaeity, innocence, faith,
THE MAGICIAN	Action, awareness, concentration, power
THE HIGH PRIESTESS	Intuition, mystery, potential, the unconscious
THE EMPRESS	Femininity, motherhood, beauty, abundance
THE EMPEROR	Masculinity, fatherhood, authority, structure
THE HIEROPHANT	Education, religion, beliefs, tradition
THE LOVERS	Love, relationships, sexuality, personal beliefs
THE CHARIOT	Victory, self-assertion, will power, determination
STRENGTH	Strength, patience, compassion, courage
THE HERMIT	Introspection, searching, guidance, solitude
THE WHEEL OF FORTUNE	Destiny, karma, turning point, good fortunes
JUSTICE	Justice, truth, cause and effect, decision
THE HANGED MAN	Letting go, reversal, sacrifice, restriction
DEATH	Ending, transition, transformation, change
TEMPERANCE	Health, balance, patience, moderation
THE DEVIL	Materialism, ignorance, hopelessness
THE TOWER	Sudden change, upheaval, downfall, revelation
THE STAR	Hope, inspiration, generosity, spirituality
THE MOON	Fear, illusion, imagination, bewilderment
THE SUN	Enlightenment, vitality, assurance, warmth
JUDGEMENT	Rebirth, inner calling, absolution
THE WORLD	Accomplishment, fulfillment, travel

MINOR ARCANA

	Cups	Pentacles	Swords	Wands
Ace	Spirituality	Abundance	Intellect	Creativity
Two	Harmony	Fluctuation	Opposition	Courage
Three	Resolution	Dedication	Discord	Foundation
Four	Discontent	Materialism	Rest	Development
Five	Bereavement	Hard times	Defeat	Grounding
Six	Nostalgia	Bounty	Solace	Success
Seven	Delusion	Prudence	Diplomacy	Rivalry
Eight	Abandonment	Skill	Confusion	Action
Nine	Stability	Gain	Suffering	Recovery
Ten	Reward	Tradition	Disillusion	Force
Page	Reflection	Health	Thought	Potential
Knight	Movement	Husbandry	Change	Adventure
Queen	Intuition	Expression	Imagination	Illumination
King	Water	Earth	Air	Fire

NOTES

NOTES

NOTES

NOTES

NOTES